हाइकु संयुक्ता

BY

ओमप्रकाश क्षत्रिय 'प्रकाश'

 pencil

ISBN 978-93-5438-490-5

Published in India 2020 by Pencil

A brand of

One Point Six Technologies Pvt. Ltd.

123, Building J2, Shram Seva Premises,

Wadala Truck Terminal, Wadala (E)

Mumbai 400037, Maharashtra, INDIA

E connect@thepencilapp.com

W www.thepencilapp.com

DISCLAIMER: *The opinions expressed in this book are those of the authors and do not purport to reflect the views of the Publisher.*

Author biography

नाम- *ओमप्रकाश क्षत्रिय "प्रकाश"*

जन्म दिनांक- *26 जनवरी 1965*

शिक्षा- *5 विषय में एम ए, पत्रकारिता, कहानी-कला, लेख-रचना, फ़ीचर एजेंसी का संचालन में पत्रोपाधि*

व्यवसाय- *सहायक शिक्षक*

लेखन- *बालकहानी, लघुकथा व कविता*

संपादन- *लघुकथा मंथन, बालकथा मंथन, चुनिंदा लघुकथाएं*

प्रकाशित पुस्तकें- 1- *लेखकोपयोगी सूत्र व 100 पत्रपत्रिकाएं* कहानी लेखन महा विद्यालय द्वारा प्रकाशित, 2- *कुएं को बुखार* 3- *आसमानी आफत* 4- *कौन सा रंग अच्छा है ?* 5- *कांव-कांव का भूत* 6- *रोचक विज्ञान बालकहानियाँ* 7- *चाबी वाला भूत* आदि ।

उपलब्धि- *111 बालकहानियों का 8 भाषा में प्रकाशन व अनेक कहानियां विभिन्न पत्रपत्रिकाओं में प्रकाशित*

इ-बुक-- *108 ebook प्रकाशित*

पुरुस्कार-

- इंद्रदेवसिंह इंद्र बालसाहित्य सम्मान-2017,
- स्वतंत्रता सैनानी ओंकारलाल शास्त्री सम्मान-2017,
- बालशौरि रेड्डी बालसाहित्य सम्मान- 2015,
- विकास खंड स्तरीय कहानी प्रतियोगिता में द्वितीय 2017,
- लघुकथा में जयविजय सम्मान-2015 प्राप्त,
- काव्य रंगोली साहित्य भूषण सम्मान- 2017 प्राप्त,
- 26 जनवरी 2018 को नगर पंचायत रतनगढ़ द्वारा _वरिष्ठ साहित्यकार_ सम्मान 2018,

- सोमवंशीय क्षत्रिय समाज इंदौर द्वारा _क्षत्रिय गौरव_ सम्मान 2018,
- नेपाल में _वरिष्ठ साहित्य साधक_ सम्मान 2018,
- मेघालय के राज्यपाल के हाथों _महाराज कृष्ण जैन स्मृति सम्मान_ -2018 प्राप्त,
- बालसाहित्य संस्थान उत्तराखंड द्वारा अखिल भारतीय राजेंद्रसिंह विष्ट स्मृति सम्मान बालकहानी प्रतियोगिता 2018 में तृतीय स्थान का सम्मान प्राप्त,
- नेपाल-भारत साहित्य सेतु सम्मान- २०१८,
- नेपाल-भारत अंतरराष्ट्रीय रत्न सम्मान- २०१८ (बीरगंज नेपाल) में प्राप्त.
- मप्र तृतीय वर्ग शासकीय कर्मचारी संघ द्वारा *रजत-पदक* से सम्मानित।
- क्रान्तिधरा अंतरराष्ट्रीय साहित्य साधक सम्मान-2019 से सम्मानित।
- आचार्य रतनलाल विद्यानुग स्मृति अखिल भारतीय बालसाहित्य प्रतियोगिता में शब्द निष्ठा सम्मान 2019
- साहित्य मंडल श्री नाथद्वारा द्वारा राष्ट्रीय बाल साहित्य समारोह 2020 में श्रीभगवतीप्रसाद देवपुरा बालसाहित्य भूषण सम्मान से सम्मानीत।

पता- *पोस्ट ऑफिस के पास, रतनगढ़ जिला-नीमच -458226 (मध्यप्रदेश)*

मोबाइल- *09424079675*

opkshatriya@gmail.com

Contents

भाग— नि- मुक्त -1 07

भाग— नि- मुक्त -11 12

भाग— नि-युक्त-2 17

भाग— नि-युक्त-1 20

भाग— नि- मुक्त -13 25

भाग— नि- मुक्त -12 27

भाग— नि- मुक्त -10 32

भाग— नि- मुक्त -9 37

भाग— नि- मुक्त -8 42

भाग— नि- मुक्त -7 47

भाग— नि- मुक्त -6 52

भाग— नि- मुक्त -5 56

भाग— नि- मुक्त -4 62

भाग— नि- मुक्त -3 67

भाग— नि- मुक्त -2 71

भूमिका- संयुक्ता हाइकु सार की मनोभिव्यक्ति 76

भाग— नि- मुक्त -1

काटते वधू
दहेज की वेदी पे
कसाई वर.

लोभ का जाल
फंसती मछलियां
मरे बेहाल.

लोभ के शूल
पंचर कर देते
रिश्तों की गाड़ी.

लोभ की आंधी
जबजब भी चली
मरे है गांधी.

निशिथ चोर
सपने देख रहा
जागती भोर.

दया सागर
आंखों से बरसते
मां के ही आंसू.

मां भू का स्वर्ग
पिताजी द्वारपाल
मैं स्वर्गवासी.

प्रेम की पाती
पपीहा ही लिखता
वर्षा के गीत.

शब्दों की बीज
प्रकृति ही लिखती
कथा-कहानी.

फुर्र मिठास
हिरण के सींग-सी
फीके है पर्व.

नभ व धरा
क्षितिज का मिलन
कोरा है भ्रम.

दर्द का बीज
हर कोई हैं बोता
स्वयं ही रोता.

छल का डेरा
बादल-सा छा जाता
दर्द का घेरा.

मुक्ति की आस
बादल भी निहारें
जमीं के पास.

विभा चल दी
रवि के साथ-साथ
जग की सैर.

विभा बीनती
रवि की किरणों से
दिन के क्षण.

सूर्य लुटाता
विभा का उपहार
चंदा के संग.

मयूर पंख
कृष्ण संग ही खेले
राधा से होली.

रंगों मन को
तन का क्या रंगना
हो ली सजना.

गीता है पत्नी
देती हैं उपदेश
लक्ष्मी का वेश.

दवा है विष
आदत जो बना लो
इकट्ठी खा लो.

गांव का होरी
कहां गई धनिया
ना वो बनिया.

आकाशी झूलें
बरसाती हवा से
धरती छू लें.

मन का मोर
बादल संग नाचे
वर्षा का जोर.

मेरा सपना
बने ताजमहल
रेत का सही.

दुल्हा है चांद
तारें बन बाराती
नभ में ब्याहें.

नभ कागज
सूर्य कलम लिखें
वर्षा के गीत.

शब्दों के बाण
जबजब चलते
करते घाव.

क्रोध का शेर
शिकार कर लेता
शांति की गाय.

नर व नारी
सागर की दो छोर
शादी है डोर.

भाग— नि- मुक्त -11

सेवा आप की
जग में होगा नाम
करो तो काम.

काम है पूजा
धर्म नहीं है दूजा
जग ने पूजा.

हीरे है आप
बना रहे है हार
हाइकु सार.

सार ही लिखो
फुर्सत नहीं हमें
वक्त कम है.

दे आशीर्वाद
जीत के मैं ही आऊँ
खेल हो कोई.

देखो सपने
पूरे कर लो ख्वाब
है ये अपने.

आस्था माँ की है
पिता पर निर्भर
तीर्थ है घर.

मत जगाओ
ख्वाबो की दुनिया है
टूट जायेगी.

सपने खत
ख्वाबोँ की कलम लेँ
लिखो किस्मत.

तमन्ना लिखे
समयानुरुप ही
दिल के खत.

भटके मन
चँचल चितवन
उड़ता पँछी.

भीगी अँखियां
बरसा आँसू-पानी
मन की मानी.

वृद्धाश्रम मेँ
बड़ोँ के साथ गई
महंगी दुआ.

मुसाफिर हूँ
राहे-मँजिल कहां
पता नहीँ है.

याद अच्छी हो
दिल हो जाता खुश
बस सच्ची हो.

संग दो आँखे
हाथमुंह भी चले
द्वंद्व के तीर.

नयन खान
जब भी झरती है
मोती से आँसू.

आँखे है गँगा
बहती है जमुना
क्योँ सरस्वती.

लाख छुपाओ
छुपा नहीँ पाओगे
दिल के आँसू.

फूलोँ का ताज
पत्तियोँ ने पहना
राजा है पेड.

कली थी रात
फूल बनी सुबह
बेटी थी तेरी.

छिपा चेहरा
पहचान हमारी
ढूंढो तो सही.

असली कहा
चहरे पे चेहरा
नकली रूप.

जमा इँसान
कर्मों के बल पर
पहुँचा चाँद.

सर्द दिनों में
ठुठरा कर चले
बूढ़ा सा सूर्य.

इच्छा का अंत
मन में हुआ कभी
सदा अनंत.

थका सूरज
चला धरती गोद
रात सोने को.

कली खिली है
महकेगी फूलों-सी
घर-आँगन.

लौट आओ ना
शब्द-चित्र-बिम्ब से
हाइकु बन.

सदा चहके
मातपिता संग हो
घर महके.

भाग— नि-युक्त-2

काँव का स्वर

~

छत पे सुखी रोटी

रखते वृद्ध.

खेत में बांबी ~

पंजे से छूटने को

आतुर सांप.

चांदनी रात ~

किले का फोटो लें

फोटोग्राफर.

डूबता सूर्य ~

सेल्फ़ी लेते फिसलें

नवदम्पति.

रतन-गढ़ ~

धानकोठी में गिरा

चूहा ले सांप.

नीम का पेड़ ~

खुजली वाला कुत्ता

रगड़े पीठ.

पैर में सांप ~
बंद आंखें के खड़ा
नवयुवक.

' काम ' की मुर्ति ~
झरने में गिरते
नवदम्पति.

गुरुशिखर ~
पहाड़ी से फिसली
चलती कार.

जल महल ~
तालाब में निहारे
चांद का बिंब.

जलमहल ~
पानी में नाच रहा
कमलदल.

जलमहल ~
पानी में डोल रहा
कमलदल.

जलमहल ~
पानी में लहराता
कमलदल.

भीम की लात ~
बिन मौसम झरे
कुएं में पानी.

लात का ताल ~
अठखेलियां करे
जीव औ ' वृन्द.

लाल झरोखा ~
फर्श पर देखते
सूर्य के बिंब.

तोरणद्वार ~
सेल्फी लेते फिसली
नवब्याहता.

घाटी में वर्षा ~
टूटी डाली से कूदे
हूलोक गिबं.

भाग— नि-युक्त-1

जाड़े की रात
~
तस्वीर साथ रखे
सोती विधवा.

बाल वाटिका ~
लड़की को दबोचे
गुण्डा समूह.

निर्जन गली ~
माशुका के घर में
झांकता पति.

नीम का वृक्ष ~
दातुन लेकर माँ
बेटे के पीछे.

घना कोहरा ~
कार में दबी माँ का
मुख टटोला.

झींगुर स्वर ~
जलमग्न कुटी से
वृद्धा की खाँसी.

पकी फसल ~
लट्टू से नील गाय
मारे किसान.

मुर्गे की बांग ~
चक्की पर चावल
पीसती दादी.

बीन की धुन ~
पत्थर लिए बच्चे
क्रीड़ांगन में.

शिशु रुदन ~
गर्भिणी माँ के सिर
गिट्टी तगाड़ी.

शीत लहर ~
आलू भुनती दादी
चूल्हे के पास.

शव का दाह ~
अंतरिक्ष सूट में
चार स्वजन.

खेत में डोड़ें ~
अफीम निकालती
चापू से कन्या.

इन्द्रधनुष ~
ताली बजाता बच्चा
गड्ढे में गिरा.

काँव का स्वर ~
छत पे सुखी रोटी
रखते वृद्ध.

झींगुर स्वर ~
जलमग्न कुटी से
वृद्धा की खाँसी.

नीम का वृक्ष ~
दातुन लेकर माँ
बेटे के पीछे.

तूफानी रात ~
जलमग्न कुटी से
वृद्धा की खाँसी

जाड़े की रात ~
रोड़ रोलर संग
कर्मरत माँ.

करवा चौथ ~
शहीद की बीवी के
आंख में आंसू.

शस्य की राख ~
छूटी उपज छांटे
दिव्यांग बच्ची.

चूल्हे में आग ~
बच्चे के हाथ पर
बासी रोटियाँ.

उड़ता पंछी ~
हिमशिख पे गाड़ती
झण्डा बालिका.

निहारें स्कूल ~
पन्नियाँ बिन कर
अनाथ बच्चा.

लू की लपटें ~
झरोखे के जाले में
झूले मकड़ी.

लू की लपटें ~
झरोखे से प्रविष्ट
शीतल वायु.

लू की लपटें ~
झरोखे में हिलता
मकड़ी जाला.

तपता सूर्य -
झरोखे से छनती
शीतल वायु.

किले का कोना ~
लिपटे हुए सांप
देखता जोड़ा.

कुंभलगढ़ ~
सांप ले कर उड़ी
नभ में चील.

भाग— नि- मुक्त -13

शक्ल आईना
देख नहीं पाता हूँ
सच्चा चेहरा.

शिक्षक सीखे
बच्चे खुली किताब
पाठ पे पाठ.

भेद बढ़ाना
प्रकृति की कृति ना
इंसानी काम.

घर मंदिर
तीर्थ यही जग के
पार लगा ले.

कुत्ते की मौत
मरा इनसान सा
कुत्ता था साला.

कैद में तोता
मालिक नाम रटे
सिक्का है खोटा.

कैद में तोता
मालिक नाम रटे
वफादार है.

कैद में तोता
मालिक नाम रटे
वफ़ा मिटे ना.

कैद में तोता
मालिक नाम रटे
सोता रहता.

लाज के मारे
बादल का घुंघट
चाँद निहारे.

चंदा भी झांके
मुझ से सुन्दर है
धरा का रूप.

भाग— नि- मुक्त -12

पीड़ा सँत्रास
बेटाबहू भी देते
गले की फाँस.

टूटे न आस
निभाते चले चलो
रिश्तों की फांस.

माता का स्नेह
थपकी दे संवारे
पिता की डाँट.

सूखेगी सदा
धरा की फसलें भी
अंत समय.

हिंसा की खाद
चुनावी फसले भी
हो बरबाद.

अजब युग
स्वार्थ से सींचे रिश्ते
पनपे खूब.

वो माँग भरे
पत्नी का अधिकार
माँगों से वार.

वो माँग भरे
पत्नी का अधिकार
माँगों से प्यार.

वो माँग भरे
पत्नी का अधिकार
माँगे तो हार.

पूत के पाँव
दिखा रहा है आंखे
पितामाँ झांके.

बोल मैँ चाल
सरस न प्रवाह
हो बोलचाल.

हाइकु क्या है
शब्दो की एमबी में
हजारों बिम्ब.

अणु में शक्ति
करती विस्फोट भी
हाइकु सार.

बचे न बचे
सागर से बूंद चले
सर्वस्व लूटा.

शाँत सा दिखे
थका हारा सूरज
सुस्ताने चला.

बहाता सूर्य
रोशनी भर पानी
हवा के संग.

कन्या है धरा
मानव है फसलेँ
सींचो इसे भी.

बदला युग
रिश्तोँ की परिभाषा
बेटा अलग.

गोता लगा के
जीवन सागर में
नैया हो पार.

अखियाँ लिखे
दर्द की इबारत
झरते आंसू.

जन्म सफ़र
कर लो पूरी यात्रा
म्रत्यु पड़ाव.

सब सुनेंगे
जब भी सुनाओगे
अच्छे से गीत.

सहे धरती
बच्चों की करतूते
बेबस माँ सी.

रात सुलाती
सपने दे थपकी
गहरी नींद.

सत्य संस्कार
जन्म मरण पर्ण
कर सत्कार.

शब्दों के फूल
महक बिखेरते
मधुशाला में.

दिल का दर्द
दिल जले ही जाने
ये दिल माने.

तारे नभ में
खेलते अठखेली
अपने सँग.

खेलूँ तो कैसे
सब मंजे खिलाड़ी
चुनावी खेल.

बच्चों की स्लेट
शिक्षक ही लिखते
अपने भाव.

भाग— नि- मुक्त -10

पुराना है क्या
तन मन व सोच
बदला-रोष.

बर्बाद नेता
आप बोते हैं बीज
तू मत खींज.

आप आप है
और हम हम है
तुम तुम हो.

अच्छा या बुरा
समझ का है फेर
जल्दी या देर.

मन के माने
समय होता अच्छा
झूठा ना सच्चा.

पाप की आँधी
उजाडेगी फसलें
करो न दुआँ.

पुण्य का पानी
फल्लवित बगीचा
भरा है कुआँ.

अच्छा व बुरा
प्रीत, यार व काम
कर जा नाम.

बुरी है बला
काम, चोरी व दगा
बन जा सगा.

तेरा न मेरा
घर, मन व आत्मा
है परमात्मा.

वर्ष के पृष्ठ
समय की कलम
लिखता काल.

सूर्य का चक्र
चले काल की घडी
बुरी या भली.

स्वागत करेँ
धर्म, प्रेम, ज्ञान का
राहेँ है तीन.

तेरह चला
नव पल खुशी लैं
चौदह को दैं.

दर्प में चूर
देखे जब दर्पण
सपने चूर.

तेरह गया
चौदह दे दस्तक
नतमस्तक.

आइना है तू
मेरा ही हमदम
दिखाता है तू.

झूठ की पोल
आइना है गवाह
खोले है पोल.

धुँध घुँघट
दुल्हन सी शर्माती
धरा लजाती.

मन पँछी है
उड़ता ही रहता
स्वप्नों के देश.

जीवन चले
जितना दो ईंधन
गति श्रम की.

मोक्ष यही है
यथार्थ में जीओ तो
यह सही है.

यादें है कल
याद करोगे कल
सजा लो आज.

पास होता तू
सताता ही रहता
प्यारा दर्द दें.

भुगतो सजा
वासना की दौड़ थी
किया था मजा.

चीर हरण
कोरवों का मरण
लगा ग्रहण.

बोल तू मीठे
बोल है अनमोल
तौल के बोल.

बात चली है
दूर तक जाएगी
प्रेम लीला है.

बात चली है
दूर तक जाएगी
प्रेम गली है.

है ये दुनिया
आप और हम से
जिओ दम से.

भाग— नि- मुक्त -9

क्यों है खफा तू
खुदा की रजा तो है
रूठा है जो तू.

क्या था आधार
चोर कहा था यार
ये ही है प्यार ?

आप थे खफा
हवा के सँग बहे
क्या-क्या है कहे ?

हबा बहे ज्यों
तिनके उडे हैँ त्यों
ये होता हैँ क्यों ?

तू ही बता दे
मेरी क्या खता हुई
रूठा है रब.

कामना ये है
सूर्य से दीप्त आप
पूरो हो ख्वाब.

तम से लड़ें
सूरज है अकेला
बढ.ता चढे.

टल जाना तू
मुसीबत देख के
शेर ही है तू.

रात के ख्वाब
श्रम से ही फलेँगै
देखैँगै साब.

हम मिले हैं
बगीचा बदलेगा
फूल खिलेंगे.

नादान है वो
चँदा के साथ रहे
कुछ न कहे.

हक है हमेँ
सजाएगेँ ये घर
तेरे ही दर.

वक्त के हाथ
सब की तकदीरेँ
बदलेँ साथ.

गम की रात
खुशियों का सूरज
जीता है आज.

शर्म की बूँद
बची है दुल्हन में
लें आँखें मूँद.

सूर्य किरण
देख के ओस बूँद
हुई हिरण.

फूलों का राजा
दमके पानी बूँद
चमके ताजा.

बूँद से बूँद
बन कर सागर
मिले अगर.

बिखरी बूँदें
सागर से चल के
बरसा पानी.

अमृत बूँद
भागीरथी बन के
जाती सागर.

गाते हैं गीत
गति और प्रगति
यही है जीत.

तमन्ना पूरी
रचा है इतिहास
किया प्रयास.

जीवन ध्येय
जी-वन की दायिनी
जीवन पेय.

चाँद निहारे
प्रतिबिंब अपना
रुप सँवारेँ.

रात भी गई
छटा गम-अँधेरा
नया सबेरा.

वक्त किस का
वक्त पे करे काम
वक्त उस का.

नींद उड़ाए
यादों का समुद्र है
चैन कहा है.

प्रकृति-दण्ड
करती हुड्दँग
रचे प्रचण्ड.

मिलते रहे
नजदीकी बढे.गी
कुछ भी कहे.

नया है नया
तन मन व सोच
बदला है क्या.

तमन्ना मेरी
तुझे ख़ुशी मिलेगी
सच तो नहीं.

कम न आंको
अपना है वजूद
मन में झाँको.

कौन देखता
तन में बैठा रब
मन तू ढब.

लगी दिल की
दर्द तन मन में
कसूर क्या है ?

है सत्य दर्द
जब उठे दिल में
तन बेचैन.

मन बावला
यहाँ वहाँ उड़ता
सपने बुने.

मन में भावे
मुड़ हिलावे तू तो
क्या समझू मैं ?

मन को रुचे
नया रूप श्रृंगार
तुझे नमन.

प्रीत पे वारी
देखे दर्पण नारी
खुद से हारी.

ये धर्मभूमि
सब की कर्मभूमि
है मातृभूमि.

सीखते हम
प्रशिक्षण दे कर
सिखाते आप.

है बालपन
सीखने का उत्साह
है उत्सुकता.

लीक से हटे
जीवन या रचना
चाहे सजना.

भाव नए हो
रुप रँग सजे हो
खूब मँजे हो.

घर मँदिर
कर्म ही पूजा मेरी
दिया शरीर.

शरीर बाती
साँसों का तेल जले
मन के तले.

मन उदास
वो नहीँ मेरे पास
मिलेगै आस.

राह देखती
मैं राधा बन कर
वे आए घर.

किस से वफा
माँ-पत्नी मैं दँगल
दोनोँ थी खफा.

साथ का मजा
सन्यास लूँगा नहीँ
ये तो है सजा.

44

उम्र बढी. है
लौटा है बचपन
बूढा. है तन.

खोई मस्तियाँ
बडप्पन में ँ मेरी
डूबी हश्तियाँ.

हूँ पचपन
हरकत ऐसी है
ज्यों बचपन.

मैं भी हूँ जवाँ
उम्र घटती जाती
बढ.ती कहाँ ?

लौटा दे कोई
बिछुड़ा बचपन
बिछुडी यादें. या (यादें जो सोई)

खेले थे संग
वो-संगी, साथी, जहाँ
खेलो के रंग.

गुल्ली वो डंडा
खो-खो, कबड्डी कहाँ ?
झगड़ा-टंटा.

नानी की कथा
भूली-बिसरी यादें
कहाँ है व्यथा. या (रची थी व्यथा)

रूठा है रब
अपनाँ की खता से
चोर बता के.

रच तू ही दैँ
बुरी नजर लगे
चोर है साला.

भाग— नि- मुक्त -7

जग जननी
धरती-नारी-गौ-माँ
न देती आह.

सही हो वोट
लोकतंत्र फलेगा
कर दो चोट.

शिखर छू लो
हौसलों को पंख दो
राह न भूलो.

प्यार सब है
पुत्र के विरोध में
पिता अब है.

ठहरो नहीं
ठहराव है मौत
तालाब देखो.

पापी है मन
शरीर है साधन
करते कर्म.

आखें बादल
दुख क्रोधित मन
बरसे पानी.

मन उदास
मन चाहा न पास
मिले ये आस.

दिल बेचैन
मिले तो आए चैन
ये लेन - देन.

मन की मस्ती
रंगों की हो बौछार
होली है यार !

रंगी है गोरी
काली है कजरारी
तन भी हारी.

नव सृजित
लहराती फसल
भाग्य बदले.

यादों की माला
जीवन बंधी डोर
ख्वाबो की भोर.

अंग रसिया
मन में बस जाओ
खेलो वो होली.

बचा प्रह्लाद
जल गई होलिका
खेले जो होली.

रंगों मन से
लिपट कर बोली
खेलो तो होली.

तुम्हारी हो ली
जैसी चाह रखते
खेलोगे होली.

ओढ. चुनर
रंगी धरा मुस्काई
सज के छाई.

नापे गगन
उड़ता नन्हा पँछी
मस्त-मगन.

भिखारी मुख
सिगरेट का सुख
माँगे तो दुख.

फूल हृदय
काँटों पर मोहित
जाने न हित.

पल प्रलय
प्रतिपल अर्जन
करे सर्जन.

नदी व्यापार
गँदगी भी अपार
कर जा पार.

शोषित नदी
है सरस सलिला
बीतेगी सदी.

राह है जुदा
सूरज व चाँद की
क्या कहे खुदा.

जाग जा प्यारे
जागे जब ही भौर
सब का ठौर.

लीला राम की
अमर्यादित वंश
रावण दंश.

शंकर शंभु
दुष्ट सँहारक ये
जीवन देते.

ख्वाबों का सच
बँद आँखों में बसा
खुली तो हटा.

मन का जग
सपने ही बुनता
सही चुनता ?

भाग— नि- मुक्त -6

तलाशे जमीं
कर्मभूमि वो बने
न रहे कमी.

असीम बनो
सार्थक हो जीवन
आत्मा के संग.

राह का रोड़ा
हर क्षण मिलेगा
बिना ही ढूंढे.

रोक न मुझे
तेरी राह चलूँगा
बंदा हूँ तेरा.

विस्तार छोड़
कुंए का है मेढक
नदी से भागा.

लगा है मेला
स्वार्थ धन बिकेगा
सरे बाज़ार.

चले ही चलो
मंजिल मिलेगी ही
देर से भले.

माँ की ममता
कहाँ मिलेगा प्यार
ढूढ़ ले यार.

प्यार चाहिए
सादा भोजन मिले
सुखी हो लाल.

रिश्ते के धागे
खीचों तो टूट जाते
कच्चे अभागे.

रिश्तो की नींव
विश्वास की सलाखे
पक्के सम्बन्ध. '

रिश्तो की ईट
विश्वास की सीमेंट
अटूट घर.

नादान पक्षी
खाने का था लालच
जाल में फंसा.

साफ ही कहो
चाहे कड़वा बोल
पोल ही खोल

हम भी चले
रास्ता था नयानया
लक्ष्य भी मिला.

उड़ता मन
उड़न-खटोले सा
पिया के संग

राह तकती
आए विदेशी पिया
तरसे जिया.

घाव दिखेगा
जख्म भले ही भरे
यादें पा हरे.

शब्दों के तीर
छील देते हृदय
देते है पीर.

शब्दों की डोली
कवि के कंधो पर
चली कविता.

ग्रह अलग
चलते पथ पर
बंधे सूर्य से.

पैदल चल
निरोगी होगी काया
बचेगी माया.

ऊर्जा बदले
रूप अनवरत
नष्ट होती ना.

मन के पन्ने
अनुभवी जीवन
नित्य ही लिखे.

भाग— नि- मुक्त -5

तिरंगाफूल
महकाता बगिया
मानव-मूल.

धरा ने ओढ़ी
तीन रंग की धानी
झंडे के संग.

मनाती धरा
सम्पन्नता की खुशी
ध्वज है हरा.

डूबता सूर्य
स्वागत करे चाँद भी
आ जा तू वर्ष.

वर्ष का हर्ष
क्षणक्षण लिखता
यादें सहर्ष.

ख्वाबों की रात
वर्ष के 12 हाथ
रचते दिन.

हाथों से रेत
फिसल गए दिन
यादों के बिन.

आओ | लिख दो
मन की अभिलाषा
बोले ये वर्ष.

पकी फसलें
रच दे इतिहास
यादों के दिन.

पुत्र वियोग
दशरथ ना चाहे
श्रवण-कोप.

काल लिखता
समय के पन्नों पे
मौत के गीत.

' काल ' के गीत
वर्षा का ये संगीत
लिखते मेघ.

नदी का साज
छू ले तट के हाथ
संगीत बहे.

पलास लाल
सूर्य के संग खेले
गर्मी के खेल.

रवि क्रोधित
ढूंढे वन की बाढ़
बैठे वो वहां.

कौवे की कांव
कोयल के गीतों में
तान के भाव.

दर्द झलके
बादल जब रोए
भीगे पलकें.

चाँद भी देखे
सूर्य भी तपता है
औरो के हेतु.

शीत आएगी
हवा का स्नेह पा के
आग बुझा के.

गंगा हो मैली
धोती सब के पाप
कचरा आप.

तृषित धरा
चाहती हराभरा
सारा ही जहाँ.

नभ में उगी
सतरंगी फसले
वर्षा के साथ.

सूर्य किसान
बोता इंद्रधनुष
नभ-सा खेत.

बिखरे सूर्य
सतरंगी मुस्कान
स्वागत करे.

जग सुन्दर !
वो सावन का अँधा
यही बोलता.

मन सागर
सपनों की गागर
छोटा आगर.

ये होसला है
हमारी ही चाहत
चाहे वो पाते.

ये है कदम
आगे होगा मंगल
बढ़े चलेंगे.

गुलाब खिले
प्रकृति देती साथ
खुद जो चाहे.

गौरी नन्दन
सब करते पूजा
है कोई दूजा.

मन की आस
बादल से बरसे
खेतों की श्वास.

खूब पढ़ोगे
तब रच पाओगे
हाइकु एक.

पानी बरसे
खेतों में हरियाली
मन भी हर्ष

नन्हे से पौधे
सीखे पृकृति -प्रेम
वृक्षो के संग.

आ मेरे पास
कर ले हम दोस्ती
खेलेंगे साथ.

चलते चलो
मंजिल है सामने
साध लो लक्ष्य.

भाग— नि- मुक्त -4

स्नेह की बाती

दया का तेल ले

दीपक जला.

दया की वर्षा

सागर ही देता है

गुणों की खान.

प्रेम की पाती

पपीहा ही लिखता

वर्षा के गीत.

लोभ की बेल

मन के वृक्ष तले

जम के फले.

लोभ की हवा

बदबू ही फैलाती

कर तू दवा.

प्रेम की खेती

नेह बंधन फले

बोते जो कृष्ण.

वीणा पाणिनि

ज्ञानमान दायिनी

सुख दे सदा.

वर्ष का हर्ष

क्षण — क्षण लिखता

यादें सहर्ष.

जाड़े की सुई ~

करवट बदलें

शहीदपत्नी.

यादों में काटे

ठंड की लम्बी रातें ~

शहीद की पत्नी.

यादों के खत

को पढ़े वीरपत्नी ~

जाड़े की रात.

यादों की ठंड ~

शहीद पत्नी जागे

फोटो के संग.

जाड़े की रात ~

शहीद की पत्नी को

वर्दी की इच्छा.

चातक तके ~
शहीदपत्नी संग
चांद का अक्स.

चांद निहारे ~
दिख जाए उस में
शहीद पति.

शहीद पत्नी ~
ठंडे बिस्तर पर
ले करवटे.

शहीद पत्नी ~
ठंडी हवा चुभोती
यादों के शूल.

जाड़े की रात ~
करवट बदले
शहीद-पत्नी.

ठंड से कांपे ~
रोलर के समीप
खेलते बच्चे.

जाड़े की रात ~
तस्वीर को चिपका
सोती विधवा.

खेत में बाढ़ ~
रोती जवान बेटी
खुश है सेठ.

देखते राह ~
मातापिता घर पे
बेटी बाग में.

वीर है सूर्य
डरा रहा सब को
दिखाता क्रोध.

क्रोधित है माँ
प्यार लुटाता नहीं
सूर्य सा पुत्र.

पुत्र हो राम
चाहती है कैकई
वक्त की मारी.

सूर्य ने बोए
नभ की भूमि पर
तारों के बीज.

सूर्य हिरण
अठखेलियाँ करे
नभ के वन.

आशा का तेल
दौड़े मन की रेल
लक्ष्य या जेल.

होली खेलता
प्रकृति संग सूर्य
सुबहशाम.

प्रगति चक्र
हरियाता है श्वेत
तिरंगा-वेद.

भाग— नि- मुक्त -3

मैं भी हूँ जवाँ
उम्र घटती जाती
बढ.ती कहाँ ?

डूबता सूर्य
स्वागत करे चाँद
आ जा तू वर्ष

पकी फसलें
रच दे इतिहास
यादों के दिन.

नई सौगाते
बाँटता चला गया
नया था वर्ष.

क्षण की आंधी
निगल गई वर्ष
यादों के साथ.

नहाए दिन
बनठन के लाएं
नया ये वर्ष.

वर्ष के पृष्ठ
लिखेगा इतिहास
यादों का पेन.

यादों के बीज
समय की भूमि पे
रचे साहित्य.

सूरज बोता
बारह-माह बीज
काटता दिन.

सूरज रचें
धरा पर मेहंदी
खिलते फूल.

वधु लगाए
हाथों पर मेहंदी
वर मुस्काएं.

मेहंदी रचे
मन की हथेली पे
खिले चेहरा.

चिड़िया नोचें
हवस के पुजारी
इंसानी बाज.

शक की सुई
पंचर कर देती
रिश्तों की गाड़ी.

मन का फूल
ललचाती तितली
चूभते शूल.

एक ही भूल
बावरा हुआ भौंरा
चूभते शूल.

भंवरा अली
चूसता मकरंद
देखती कली.

दीवाना भौंरा
फूलों से कहता है
कर दे गौरा.

दीवाना भौंरा
फूलों से कहता है
रंग दे जिया.

कृष्ण बन के
गुनगुन करता
फूलों पे भौंरा.

कैसे हो गोरा ?
फूलों से पूछ रहा
प्यारा सा भौंरा.

झूम रहा है
मकरंद का मद
पी कर भौंरा.

बेटी का भाग्य
बुनती मां बन के
पति की माता.

मुक्त है पक्षी
विस्तृत है आकाश
मन के पास.

मुक्ति के आंसू
बादल बरसाते
जमीं के पास.

जीओ तो मुक्ति
निर्मल सा जीवन
यही है उक्ति.

नभ व धरा
क्षितिज का मिलन
कोरा है भ्रम.

भाग— नि- मुक्त -2

गीता है पत्नी
देती हैं उपदेश
लक्ष्मी का वेश.

निशिथ चोर
सपने देख रहा
जागती भोर.

दया सागर
आंखों से बरसते
मां के ही आंसू.

छल का डेरा
बादल-सा छा जाता
दर्द का घेरा.

रंगों मन को
तन का क्या रंगना
हो ली सजना.

दुल्हा है चांद
तारें बन बाराती
नभ में ब्याहें.

दर्द का बीज
हर कोई बोता
स्वयं ही रोता.

झूम रहा है
मकरंद का मद
पी कर भौंरा.

मन का फूल
चूमें ख्वाब-तितली
हो मशगूल.

छू कर फूल
मन का भौंरा नाचे
चुभते शूल.

प्रेम का रस
पीपी कर तितली
खोती है होश.

भंवरा अली
चूसता मकरंद
देखती कली.

दीवाना भौंरा
फूलों से कहता हैं
कर दो गौरा.

कृष्ण बना है
गुनगुन करता
फूलों पे भौंरा.

कैसे हो गौरा
फूलों से पूछ रहा
काला है भौंरा.

डूबता सूर्य
स्वागत करे चाँद
आ जा तू वर्ष

पकी फसलें
रच दे इतिहास
यादों के दिन.

वर्ष ही लाया
खुशियों का तराना
राग पुराना.

ठण्ड की भेंट
नए वर्ष का कोट
पहने सभी.

नई सौंगाते
बाँटता चला गया
नया था वर्ष.

क्षण ने बोई
दिन की जो फसलें
वर्ष ने काटी.

क्षण की आंधी
निगल गई वर्ष
यादों के साथ.

नहाए दिन
बनठन के लाएं
नया ये वर्ष.

वर्ष के पृष्ठ
लिखेगा इतिहास
यादों का पेन.

बूढ़ा गया है
सोलह का यौवन
आ जा सत्रह.

यादों के बीज
समय की भूमि पे
रचे साहित्य.

सूरज बोता
बारह-माह बीज
काटता दिन.

आओ | लिख दो
मन की अभिलाषा
बोले ये वर्ष.

हाथों से रेत
फिसल गए दिन
यादों के बिन.

ख्वाबों की रात
वर्ष के 12 हाथ
रचते दिन.

उम्र बढी. है
लौटा है बचपन
बूढा. है तन.

खोई मस्तियाँ
बड़प्पन मेँ मेरी
डूबी हश्तियाँ.

हूँ पचपन
हरकत ऐसी है
ज्योँ बचपन.

भूमिका- संयुक्ता हाइकु सार की मनोभिव्यक्ति

हाइकु एक सत्रह वर्णीय कविता है. इसे वार्णिक कविता कह सकते हैं. त्रिपदीय मुक्तक में तीन पंक्तियां होती हैं. तीनों अपने आप में पूर्ण होती हैं. तीनों का अलग अर्थ होता हैं. तीनों पंक्तियां मिला कर एक वाक्य बनाती हैं.

जापान में श्रृंखलाबंद्ध काव्यरचना की जाती थी. एक व्यक्ति तीन पंक्तियों यानी सत्रह वर्णों में अपनी बात कर कर छोड़ देता है. दूसरे व्यक्ति उसी भाव, भाषा और छंद में अपनी बात को आगे बढ़ाता है.इस तरह एक श्रृंखलाबद्ध काव्य रचना रची जाती हैं. इसे रेंगा कहते हैं.

रेंगा के एक छंद यानी सत्रह वर्णीय भाग को होक्कू कहते थे. कालांतर में यह होक्कू स्वतंत्र रूप में रचे जाने लगे. इसे ही काव्य के रूप में हाइकु कहा जाने लगा.

हाइकु का अपना रचना विधान है. यह तीन पंक्तियों में रची जानी वाली रचना है. पहली पंक्ति में 5 वर्ण होते हैं. बीच की पंक्ति में 12 वर्ण और अंतिम पंक्ति में पुन: 5 वर्ण होते हैं. इस तरह एक हाइकु की रचना की जाती हैं.

इस के वर्णों की गिनती का अपना विधान हैं. इस में आधे वर्ण की गिनती नहीं की जाती हैं. रेफ, रकार, अनुनासिक, अनुस्वार आदि इस की गिनती में नहीं आते हैं. मसलन — क्या- को हम एक ही वर्ण मानते हैं. संख्या- में दो वर्णों की गिनती की जाती हैं. इस तरह आधे व्यंजन की गणना इस में नहीं की जाती है.

एक उदाहरण लेते हैं —

शक की सुई

पंचर कर देती

रिश्तों की गाड़ी.

उक्त हाइकु को गौर से देखें. इस में तीन पंक्तियां हैं. तीनों एकदूसरे से स्वतंत्र हैं. मगर तीनों मिल कर एक वाक्य की रचना कर रही हैं. यह संपूर्ण रूप से एक काव्य रचना हैं. इस में पूर्ण भावाभिव्यक्ति हुई है.

हिन्दी हाइकु में इसी तरह की भावाभिव्यक्ति प्रमुखता से हो रही है. इस अभिव्यक्ति में बिंब की प्रधानता नहीं है. भावों की अभिव्यक्ति ही प्रमुखता से मुखरित हुई है. संपूर्ण रूप से मन में आह और वाह की आवाज गुंजित होती है. इस हाइकु में भावों का वस्तुकरण किया गया है. इसी से काव्य सौंदर्य की अभिव्यक्ति को बल मिला है.

शक को सुई के रूप में चित्रण किया गया है. यह सुई रिश्ते रूपी संबंध की गाड़ी में अपने भावों को आरोपित करती है. यह गाड़ी को पंचर कर देता है. जिस से रिश्ते की गाड़ी चल नहीं पाती है. इसी संपूर्णता को काव्य में व्यक्त किया गया है.

इस तरह भावों को हाइकु में पिरो कर काव्य रचना की जाती है. मन में किसी भावों को संजोया जाता है. फिर उस भावों की अभिव्यंजना में रंगा जाता है. तब तीन पंक्तियों में सत्रह वर्णों में सजाया जाता है. तब हाइकु की रचना होती है.

हाइकु के इस रूप में सत्रह वर्णीय कविता का स्वरूप निखरता है. इस समय हाइकु के रचना विधान के संबंध में दो तरह के मत प्रचलित हैं. एक मत में हाइकु को भावों की अभिव्यक्ति को प्राथमिकता दी जाती है. उन का मानना है कि आप सत्रह वर्णों में अपनी बात कह दें. यही खूब है. इस से आप का हाइकु मुकम्मल हो जाता है.

दूसरे मतांतर वाले हाइकु को बिंब युक्त प्राकृतिक रचना मानते हैं. इस के लिए इन्हों ने अपने नियम और उपनियम बनाए हुए हैं. इन का कहना है कि हाइकु एक प्राकृतिक बिंब युक्त रचना है. आप को शब्दों में प्राकृतिक बिंब का चित्र शब्दों के माध्यम से उकेरना होता है.

दूसरे शब्दों में कहे तो जो काम एक फोटोग्राफर अपने कैमरे से फोटो खींच कर करता है वहीं काम एक रचनाकार को अपने शब्दों के माध्यम से करना होता है. रचनाकार को उसी तरह अपने ध्यान को बिंब पर एकाग्रचित्र कर के बेहतरीन बिंब की रचना करना होती है. जिस तरह फोटोग्राफर एक बेहतरीन फोटो को प्राकृतिक के साथ तालमेल के साथ विभिन्न दृष्टिकोण से खिंचता है. ताकि बेहतरीन चित्र उभर कर सामने आ सकें.

यानी दोनों का उद्देश्य एक बेहतरीन रचना करना होता है. अंतर इतना होता है कि एक कैमरे के द्वारा फोटो की रचना करता है दूसरा अपने शब्दों के द्वारा मन के पटल

पर शब्दों का बिंब उभार कर रख देता हैं. एक का चित्र सजीव होता है दूसरे का मानस पटल पर खींचा गया काल्पनिक चित्र होता है. दोनों के चित्र पाठकों के सम्मुख बेहतर ढंग से अभिव्यक्त होना चाहिए. ताकि पाठक के मन में आह और वाह की प्रसन्नता की अभिव्यक्ति अपने मुख से हो सकें. तभी हाइकु की रचना सार्थक होती है.

इस तरह के हाइकु में प्रथम पंक्ति या अंतिम पंक्ति में प्राकृतिक दृश्य दिखाना जरूरी होता है. इस में क्रिया का प्रयोग वर्जित होता हैं. इस प्रथम पंक्ति के अंत में या बीच की पंक्ति के अंत में अथवा अंतिम पंक्ति के पूर्व में कटमार्क या अलगाव चिह्न लगाना अनिवार्य होता है. यह प्रथम या अंतिम पांच वर्ण को पृथक्करण का कार्य करता है.

बारह वर्णों के दूसरे भाग में क्रियापद का उपयोग किया जाता है. इस तरह सत्रह वर्णों में पांच वर्ण प्राकृतिक बिंब के होते हैं. इस में किसी ऋतु की अभिव्यक्ति या प्राकृतिक दृश्य की अनिवार्यता होती है. तभी उसे हाइकु की श्रेणी में रखा जाता है.

इस तरह रचित हाइकु के कुछ नियम हैं. जिन का पालन करना अनिवार्य होता है. इस में आप फोटो को शब्दचित्र के माध्यम से खड़ा करना होता है. इस कारण साधारण कथन की स्पष्ट मनाही होती है. वाक्य असाधारण लिया जाता है. उस में बिंब स्पष्ट दृष्टिगोचर होना चाहिए.

इसे एक हाइकु के उदाहरण से समझ सकते हैं. जिस से हमें हाइकु के इन नियम को आसानी से समझ सकें. उदाहरणार्थ हमारे सामने एक हाइकु है —

नभ में छवि —

दादाजी को दिखाए

दादी का फोटो.

उक्त हाइकु को देखें. इस में प्रथम पंक्ति प्राकृतिक है. यह वर्षा ऋतु को व्यक्त करती है. बादल एक प्राकृतिक रचना है. यह इस नियम को प्रदर्शित करता है. इस के बाद एक कटमार्क यानी विभेदक चिह्न का उपयोग किया गया है. इस के बाद के 12 वर्णों में दूसरा बिंब दिखाया गया है. इस दूसरे भाग में क्रिया का प्रयोग किया गया है. पौती

अपने दादाजी को दादी का फोटो नभ में दिखा रही है. इस तरह एक वाक्य में दो बिंब प्रदर्शित हो रहे हैं.

पूर्ण हाइकु में एक क्रिया होती है. इस हाइकु में एक फोटो शब्दों के माध्यम से मस्तिष्क में उभर कर आ रहा है. इस रूप में यह नियम युक्त संपूर्ण रचना है. इसे फोटोजनिक हाइकु कहते हैं.

हाइकु के कुछ प्रमुख नियम हैं. इस में शब्दों का दोहराव वर्जित हैं. एक ही बात का घोष करते हुए दो शब्द नहीं होना चाहिए. एक भी वर्ण बेमतलब यानी भरती का नहीं होना चाहिए. यानी अनावश्यक शब्दों का उपयोग वर्जित हैं. साधारण कथन की जगह शब्दों के बिंब की प्रधानता देनी होती है.

आप को शब्दों के माध्यम से दो बिंबों को एक हाइकु में पिरोना होता है. इन बिंबों में कारणफल वर्जित है. दोनों पंक्तियों में कोई कारणफल यानी उस का परिणाम नहीं आना चाहिए. यानी प्रथम पंक्ति में प्रदर्शित दृश्य का संबंध दूसरे पंक्ति से नहीं होना चाहिए. अर्थात् इन में एक पंक्ति में व्यक्त दृश्य के कारण व उस के संबंध का परिणाम दूसरे भाग में प्रदर्शित नहीं होना चाहिए. तभी हाइकु नियम युक्त माना जाता है.

इस तरह देखे तो हिन्दी साहित्य में दो तरह से हाइकु रचे जा रहे हैं. एक हाइकु में भावों की अभिव्यक्ति को प्रधानता दी जा रही है. इस में मानवीकरण की छूट रहती है. नियमयुक्त हाइकु में मानवीकरण पूर्णत: वर्जित होता है. इस लेख में उल्लेखित पहला हाइकु इस नियम से मुक्त है. उस में भावों की प्रधानता है. दूसरा हाइकु नियमयुक्त हाइकु है. इस में प्रकृति के बिंब के साथ दो दृश्य उकेरे गए हैं. एक साथ दो दृश्य आंखों के सामने दृष्टिगोचर हो रहे हैं.

प्रस्तुत पुस्तक में इसी विधान को ध्यान में रख कर दो तरह के हाइकु सम्मिलित किए गए हैं. एक भाग को नि — मुक्त नाम दिया गया है. यानी नियम से मुक्त हाइकु. इस के अंतर्गत प्रथम मत को अभिव्यक्त करते हुए हाइकु संग्रहित है. दूसरे भाग को नि — युक्त नाम दिया गया है. इस में नियम से युक्त हाइकु संग्रहित है. इन हाइकु में फोटोजनिक बिंब को प्रधानता दी गई है.

आशा है कि आप को मेरा यह प्रयास अच्छा लगेगा. यदि कोई कमी हो तो मुझे फोन कर के या व्हाट्सअप पर संदेश दे कर बता सकते हैं. मुझे आप से बात करना अच्छा लगेगा. यदि आप इस बारे में ओर जानना चाहते हो तो आप का स्वागत है.

आप का साथी

ओमप्रकाश क्षत्रिय ' प्रकाश '

पोस्ट आफिस के पास, रतनगढ़

जिला — नीमच म.प्र. 458226

9424079675

opkshatriya@gmail.com